何度も諦めようと思ったけど、やっぱり好きなんだ

カフカ

prologue

はじめに

忘れられない恋ほど、気持ちは残る。

諦められない恋ほど、想いは募る。

そんな切ない想いを何年も胸に抱えたまま、忘れ得ぬ想いは何一つ変わることなく、そのまま生きていることがある。


時には自分を見失う恋もある。

それほど誰かを真剣に好きになる恋は人生にそう多くはない。だからこそ、その記憶はずっと忘れることなく、何かの拍子でふと思い出し、切なく胸を締め付ける。

落ちてはいけない恋もある。

想いを伝えてはいけないと思いながら、気持ちは溢れて、こぼれてしまう。

一方通行でこんな気持ちを抱えたまま、どこにも行き着けない想いはどうしたらいいのだろう。

恋に落ち、恋に破れた時、もう二度と誰かを好きになることはないと思う。泣いて明日すら見えなくなる時がある。
人は恋をする時、いつもこれが最後の恋だと思う。けれども時が流れ、人はまた誰かと出会い、いつの間にか再び恋に落ちる。

本気な恋ほど記憶は鮮やかに残る。
本気だからこそ思い出にできないこともあるかもしれない。
そんな切なくも愛しい想いは、ずっと消えることはない。
自分が選んで決めた道を振り返った時、間違いじゃなかったと、いつもそう思いたい。
確かなその気持ちに、嘘は一つもなかったのだから。

Chapter 1

誰より好きだから一緒にいたいと思う

泣いてしまうほど本気で恋をしたんだ

Chapter 3

忘れられない恋なら出会わなければ良かった

Chapter 4

好きになって良かった そう言えるように

撮影
北浦敦子

モデル
深川麻衣

スタイリスト
楠 玲子

ヘアメイク
宮本 愛
(yosine.)

装丁
小口翔平
(tobufune)

本文デザイン
林 あい
(FOR)

撮影協力
千葉由知
(ribelo visualworks)

DTP
岩井康子
(アーティザンカンパニー)

校正
麦秋アートセンター

編集
須藤 純

誰より好きだから
一緒にいたいと思う

一緒にいる理由
一緒にいたい理由

誰かと一緒にいたいと思う理由はなんだろう。

その人のことが好きだからということが最大の理由として、本当にそれだけだろうか。その人と一緒にいて落ち着くということも、好きという気持ちと同じくらい大事なことのように思う。

落ち着くということは自分らしくいられる場所であるということ。

人間誰でも自分を良く見せたいという欲求があると思う。けれどそれではいつか無理をした自分に気付き、疲れてしまうかもしれない。ずっと自分を偽っていては本当の自分から遠くなる。自分らしさとは結局、背伸びをしない自分、嘘がなく、ありのままでいられるということ。

ありのままの自分は決していいところばかりではない。ダメなところもたくさんある。それは自分だけでなく、一緒にいる相手も同じこと。その部分を受け入れ、相手の弱さを包み、それも全部含めその人だからとお互いを支えることが本当の優しさではないだろうか。

パズルのように欠けたピースがピタリとハマる二人になればいい。落ち着く人はそんな欠けた心の支えでもある。埋められない心の寂しさや不安や悩みは誰にでもあると思う。そんな不安を「大丈夫」と言ってくれる人がいたなら心は救われる。時々襲われるそんな負の部分に気付いてくれた時に「この人がいてくれて良かった」と心から思う。

どんな自分であっても肯定してくれる人がいるだけで生きていける。

恋愛感情だけじゃなく人として受け入れられた時、そのままの自分をもっと愛せるだろう。そしてそんな風に受け入れてくれる相手をもっと大事にしよう。愛だけじゃない恋だけじゃない。落ち着く場所が大切に思う人の心の中にある。それが一緒にいる理由。一緒にいたい理由だ。

自分の「好き」くらい
ワガママに真っ直ぐでいい

自分の好きを貫ける人は羨ましい。

何かを好きになることはきっと簡単に始められるけれど、ずっと好きでいることは簡単じゃない。恋愛でも自分の気持ちを貫ける人は素敵だなと思う。自分の好きを迷わない人は強いと思う。

自分の「好き」という気持ちは自分だけのもの。他人がどう思うかなんて気にする必要はない。自分の恋愛であって、他人の恋愛じゃない。自分の「好き」くらい、ワガママに真っ直ぐでいいと思う。

何年も同じ相手に片想いをしている友人がいる。幾度か告白をして、同じ数だけ振られてしまっている。そのたびに落ち込む友人は、しばらくすればいつの間にかまた元気になって前を向いている。

「何度も諦めようと思ったけど、やっぱり好きなんだよね」といつも笑って答えてくれる。なんだかその姿が健気で眩しくもある。

人を好きでいることは時に辛いこともあるけれど、誰かを想うことで明日が明るくなる。

たとえ片想いであっても自分を成長させてくれるものなら、決してその気持ちは無駄ではない。

恋愛、特に片想いは、自分の気持ちに納得できるかどうかが大事なのではないか。次の恋に進むにも、今の気持ちをそのまま持ち続けるのも、自分が納得できているかが大切だと思う。友人のように「やっぱり好き」と思えばずっと想い続けてもいいと思う。自分の気持ちを納得させられるのは自分しかいない。ダメでもいい。大事なのは「やっぱり好き」と言える自分だと思う。諦めることは簡単でも、それは自分の気持ちに嘘をついてしまうことになる。諦められないってとても苦しいけれど、想いを貫くことは自分に正直なことでもある。その正直さ、真っ直ぐさが本当に人を想う強さだろう。

自分の「好き」を疑わず、自分の「好き」を貫こう。

beginning

好きな人は好きなまま。
どれだけ時間が流れても
季節がいくつ変わっても
気持ちが届かなくても
報われないと分かっていても
自分だけの気持ちでも
好きな人は好きなまま。

beginning

たとえ一方的な想いでも
自分が決めた人ならそれでいい。
自分の気持ちに迷わなくてもいい。
無理に蓋をして閉じ込めるより
胸の中で温めよう。
誰かを「好き」という、
ただそれだけで、最高で最強だ。

beginning

自分より大事な人がいるだけで、
きっとそれだけで幸せなこと。
自分にとって幸せの意味を
教えてくれる人の存在は大きい。
大げさなことじゃなく、
その人のために生きていける。

報われない恋でも、それが最高の恋

片想いには二種類ある。

一つは相手に決まった人がいない場合と、もう一つは相手に恋人や決まった人がいる場合。

同じ片想いでも一緒になれる可能性があるものと、全くないものでは、恋をする自分の気持ちは随分違うものだと思う。人を好きになるということは理屈ではない。叶わないと分かっていても好きになってしまうのが恋で、自分ではどうしようもないものだ。

一緒になれる可能性のある恋なら何も問題はない。

でも、未来がない恋愛に意味はないとは決して思わない。

人を好きになる気持ちに嘘はつけない。一方的な想いでも、好きだという その気持ちを無理に消すことなく、大事にしてあげること。そんな気持ちを持てた自分を誇りに思っていい。叶わないからこそ、見守る愛情もある。そばにいることだけが愛の形ではないと思う。たとえ話しかけられなくても、触れられなくても、遠くからその人を想うことはできる。自分の好きという気持ちに妥協しないその姿勢は、何より大事なことではないかと思う。

叶わない恋は切ない。それでもその人しかいないと決めたなら、最後まで好きでいたらいいと思う。報われなくて切ない恋だとしても、最高の恋だと思う。

純粋に人を好きになれたこと、自分に嘘をつかなかったこと、苦しい道と分かっていてもなお、それでもいい、その人しかないから決めたのだ。その気持ちこそ大事にすべきことだ。

たくさん迷うこともあると思う。人からバカにされるかもしれない。何が正しいのか、何が間違っているのか分からなくなる時もあるかもしれない。そんな時は自分の心に正直でいい。それが答えだ。

beginning

好きなものを
好きと言える幸せ。
好きなことを
自由にできる幸せ。
好きな人と繋がる幸せ。
好きなことを考える幸せ。
好きな人を想う幸せ。
想われる幸せ。
好きな人に好きだよと言える幸せ。
伝える幸せ。伝わる幸せ。

beginning

自分の好きを貫ける人は強い。
これしかない、
この人しかないって
そう思うことは多くない。
自分の好きを迷わない、
疑わない人は強い。

beginning

特に意味もなく、理由もなく、
「会いたいな」と思う人が
本当に特別な人。
会いたい理由も意味も、
その人に会いたい以外にない。
会いたい人にただ会いたい。
ただその心だけ。

本当の自分を見せられる人がいたなら
どれだけ楽に生きられるだろう

好きな人とは長く一緒にいたいと思う。

そのために大事なことは「一緒にいて楽」ということだ。もちろん気を遣う必要もあるけれど、一緒にいて楽ということは何よりも大事だと思う。

仕事場ではしっかりとミスなく仕事をする自分。

またある時は、主婦として家事や育児を完璧にこなす自分。

またある時は、他人に合わせるために作り笑いをしてしまう自分。

人間は違う自分を演じなくてはいけない時もあるかもしれない。

そのどれも自分には変わりないのだけれど、気付かない内にどこかで無理をしていることがあるのではないだろうか。小さな心の歪みがいつの間にか大きくなり、気持ちに余裕がなくなってしまう時がある。自分では気付かなかった摩擦に心がすり減らされては、本当の自分から遠くなる。そんな時、「この人なら我慢する必要はないんだ」と思えたらどれだけ気持ちが楽にな

るだろう。一人でもありのままの、本当の自分を見せられる人がいたならどれだけ楽に生きられるだろう。恋人や友達と一緒にいる理由の一つは一緒にいてとても楽だから、違う自分にならなくてもいいからではないだろうか。

親しき中にも礼儀あり。

その気持ちがあってなお、スッと横になって、足を伸ばせるような、思いっきりあくびができる気楽さも大事ではないかと思う。張り詰めた神経は長く伸ばしたゴムのようにいつか切れてしまう。我慢もずっと続けば何が我慢なのかも忘れてしまう。大きく膨らんだ風船のようなギリギリの自分に、ホッとため息をつくように気持ちを楽にしてくれる人がいたらいい。

「一緒にいて楽だな」と、自分の大切な人にそう思われる自分でありたい。

一度だけの人生だから、愛し愛されたい

たとえ想いが届かなくても、伝えることができなくても、人を想うということはそれだけで尊い。届かない想いには必ず寂しさも一緒について来るけれど、自分の中に温かく、優しい心が生まれる瞬間が少しでもあるのなら、その寂しさはきっと特別で愛おしいものだ。

心に愛があれば、人は一人でも孤独ではないだろう。

自分の祖母は生前、毎朝起きると必ず仏壇に手を合わせていた。祖母はそうやって先立った祖父に会いに行っているのだといつか笑って教えてくれた。祖父の好きだった和菓子やお酒をお供えして、時々話しかけている姿を見たことがある。もうそばにいない寂しさがあっても、いつまでも残る優しい記憶があれば人は笑顔で生きていけるのだと思った。

beginning

どうしても捨てられない
想いがあるなら
そのまま好きでいたらいい
正直に想い続けることで
心を温めるなら
孤独はなくなる。

向き合った分だけ
自分を好きになれる

ありのままの自分を受け入れることは、難しいことだ。性格を変えようにも大人になると柔軟でなくなる。自信が持てず、人から褒められても素直に受け止められないことがある。

少しでも好きになるためにはどうしたらいいだろう。少しでも自信を持つにはどうしたらいいだろう。

誰でも負の部分を指摘されたくはないけれど、大切なことは自分の嫌な部分に向き合う強さではないだろうか。ありのままの姿を受け入れることで嫌なところも、いいところも気が付けたなら、もう少し自分を好きになって自信が持てるようになるのではないだろうか。

嫌な部分を客観的に見られることは大事だ。誰かに指摘されるまでダメな

ところや嫌な部分が分からない時は、自分自身が上手く見えていないのかもしれない。自分を知るのは怖いけれど、向き合った分だけ好きになれる。

早起きが得意。約束は必ず守る。情が深い。なんでもいい。どんな些細なことでもいい。自分にとっての小さな誇りを集めれば自分を好きになる大きな力になる。自分を好きでいること、愛することは、誰かを愛することと同じくらい大事なことだ。自分を自分で肯定していい。そこから始まることもある。

飾らない自分の心に寄り添ってみよう。ダメなところがあってもいい。それをそのまま受け止めよう。違う誰かにはなれない。

泣いてしまうほどに
誰かを好きになったなら本物。
誰のものでもない、
自分だけの、嘘もない、
真っ直ぐさ。

beginning

好きになった瞬間から
もう心のどこかで、
忘れられない人になると
知っていた気がして。

beginning

あなたがいるだけで
もう少し、生きてみようと思える。
大げさではなく、
心から。
あなたにとって、
自分もそうありたい。

嫉妬、束縛……
独占欲は奪われる怖さから来る

嫉妬のあまり必要以上に相手を束縛してしまったことがある。「自分と話す時よりも楽しそうではないか」「自分に向ける笑顔より、他の人の方がずっと笑顔なのではないか」など疑えばキリがない。

誰でも恋人が他の異性と仲良くしている姿を見るのは気持ち良くない。

恋人のことはもちろん誰より信じていたけれど、きっとその時は自分に自信がなかったのだと思う。必要以上に相手を疑い、傷つけた。「信じられないの？」と聞かれたこともあった。

自分だけのものでいて欲しい。他の人を見て欲しくない。そんな独占欲が自分を支配していたのだと思う。本当に大事なのは誰なのかを見失い、自分の感情だけを優先していたのだと思う。

好きという感情のせいで、時として本当に大切なことを見落としてしまう。人の心はものではなく、所有できるものではない。相手のことが好きだから、恋人だから、全て自分のものと思うことはとても浅はかで危険だ。

恋愛で不安なことは相手の気持ちが自分から離れてしまうこと。その不安から相手を束縛し、自由を奪うことは大事なものを自ら壊しているようなもので、いつか相手の心も離れてしまう。気が付いた時には元に戻れない二人になっていたら、こんなに悲しいことはない。

束縛や嫉妬の気持ちは、他の人に奪われるかもしれない怖さから来る。不安に打ち克つには相手を信じ、自分自身を信じてあげること。心に余裕のない愛情は相手を苦しめるだけ。自分に負けない優しさと寛容さを持って不安を愛情に変えよう。

言葉が二人を繋ぐ糸になる

言葉にできない想いや気持ちがある。

自分の想いを言葉にすることは難しい。自分が今思う感情や、相手を大切に思っていること、それを上手く言葉にして伝えられたらと思う。

シンプルな言葉ほど言えないことがある。

自分が思う相手への気持ちはそんなに複雑なものじゃない。大切な人ほど自分の感情はシンプルだ。ただその気持ちが自分の中で当たり前のようになってしまっていて、時々言葉で伝えることを忘れてしまうことがある。

大切な人に「大切だよ」とちゃんと言葉にして言うことも大切にする行動の一つではないだろうか。

自分の気持ちが伝わっていると勝手に思い、何も言わなければ結局何も伝わっていないのと同じことだと思う。伝える努力はどんな長い付き合いであっても必要だ。それがいつしか努力ではなく、もっと自然に、そして言葉で伝えることが日常になれば本当に素敵なことだと思う。「大切だよ」「ありが

なる。

とう」「嬉しい」と何年経っても言えたなら、どんな時も思いやれる二人に

誰より大切に思う人だからこそ伝えたい言葉がある。

大事な人だから言葉にするべき気持ちがあると思う。言葉にすることに遠慮や変な強がりは必要ないだろう。別れてしまってから言葉にしなかったことを悔やんでもきっと遅過ぎる。生まれた愛情や優しい気持ちは伝えて初めて相手に伝わり、愛の形になる。伝え合ったその言葉たちが二人を繋ぐ糸になる。もし喧嘩をして気まずくなったとしても、「あの言葉があったから」と許し合って、また相手の心に戻れる時もある。言葉は寂しさを埋める力にもなる。ほんの一言でもいい。それが優しい気持ちに変わったりもする。

言葉がなくても通じ合う二人も素敵だけれど、言葉を通して深まる愛情も素敵だ。

距離に負けない想い

会いたい人に会いたい時に会えない。それが遠距離恋愛の辛いところ。辛いことがあった日、悩みごとを聞いて欲しい時に相手が近くにいないことは何より寂しいだろう。簡単に会うことはできないと分かっていても、きっと「この人しかいない」という思いがあるから遠く離れても頑張れるのだと思う。

遠距離の寂しさに打ち克つにはどうしたらいいだろう。

それは自分と同じ寂しさを相手も同じように感じていると理解することだ。寂しいのは自分だけじゃないと思えば寂しさも少しは和らぐ。好きな人が同じ気持ちでいてくれることが会えない時にどれだけ心強いだろう。たとえそれが寂しさであっても、同じ気持ちであることで一緒に乗り越える強さに変わることもある。寂しいのはお互い様。それを忘れてはいけないと思う。

遠距離恋愛にはたくさんの壁がある。その一つ一つは一人では乗り越えられない。どの壁もお互い手を取り合い乗り越えよう。相手の顔が見えない分、不安になることも多いと思う。時には言い合いや、喧嘩もあるかもしれない。二人の離れた距離を埋めるものは相手への思いやりだ。大事なのは相手の心がちゃんと見えていること。心さえ近くに感じたなら不安も少なくなるだろう。

会えなかった寂しさは会えたその日には消える。けれど「またね」と手を振ればまた寂しさはやって来る。その寂しさは特別なものだ。その寂しさを愛そう。そしてまた会える日には一番素敵な自分でいよう。

「この人しかいない」と思える人に出会えたこと。そう変わらず思い続けられる二人でいたい。本当の気持ちがそこにあるなら離れていてもきっと大丈夫。

距離に負けないように、自分に負けないように。

beginning

距離が離れることが
寂しいのじゃなくて
気持ちが離れることが
何より寂しい。

beginning

不安に押しつぶされそうな時、
分け合う二人がいい。
大切な相手の不安や悩み、
弱さと一緒に付き合い、
分け合えたらいい。

寂しくて辛い時は
その寂しさを抱きしめてあげよう

寂しさはどこから来るのか。

誰かを深く想えば想うほど、その人がそばにいない時、寂しさは生まれる。寂しさは常にあってそれに慣れることはない。どうしようもなく好きな人がいる時、どうしようもない寂しさも一緒について来る。どれだけ強がっても寂しさから逃れることはできない。

けれど、寂しいという感情はそう悪いものでもないと思う。裏を返せば寂しさがあるから会えた時の嬉しさがある。寂しいという感情は離れた相手の心を繋ぐ糸のようなものではないだろうか。

想い溢れる時、その糸を手繰り寄せればいつもその人がいる。寂しさを知ることで自分の心も知ることができる。

beginning

愛しさをくれる人は
寂しさもくれる
全て愛してしまおう。
何度も繰り返す
寂しさに負けないように。

beginning

自分で出した答えなら、
それがきっと正しい。
少しの寂しさと、
優しい思い出を抱えてもなお、
前に進む自分を誇れ。
泣いた日も強さに変えて。

beginning

心に思う「ありがとう」の
言葉の意味は一つじゃない。
出会ってくれてありがとう。
見つけてくれてありがとう。
好きになってくれてありがとう。

疑うことは
心の闇を広げるだけ

相手の心に自分がいないと感じる時は不安になる。

何よりも安心するのは「確かなもの」を心が実感する時だ。

たとえば毎日の中で、特に用事がなくとも少しでも相手から連絡があれば自分のことを気にかけてくれたのだと思うことができる。反対に何日もほったらかしで、雑に扱われると「自分じゃなくても」と思ってしまう。僅かな時間でも、その人の日常にちゃんと自分が必要とされることで安心する心がある。


自分から心が離れたのではないか。

他にいい人ができたのではないか。


そんな不安を自分で作り上げてしまうこともある。不安から来る恐怖のせいで相手を無闇に疑い、不安の種を自分で大きくしてしまうことがある。疑うことは自分の心の闇をただ広げていくだけ。

自分の不安から相手を疑って、試すようなことは相手にも伝わり、信頼がなくなってしまうことにもなる。今までそこにあった心さえ離れてしまうかもしれない。一度離れた心を取り戻すことは容易じゃない。失ってしまった後で後悔をしてもきっと遅いだろう。

不安に負けそうな時、一番誰を信じたいのか、誰に一番信じて欲しいのか、もう一度思い出せばいい。

「確かなもの」は自分で作り出せる。「信じている」と言葉にしなくても、それがちゃんと伝わることが信頼だと思う。

不安に負けないほどの愛情と信頼で、確かに繋がる二人でありますように。

あなたがくれた寂しさなら、
それも全部愛そうと思った。
あなたがくれるものなら全て、
愛そうと思った。

beginning

少しでも声を聞くだけでいい。
名前を呼んでくれるだけでもいい。
流れる毎日の中で、
好きな人の日常に自分がいたなら、
寂しさも少しは埋まるだろう。
会うことだけが全てじゃない。

beginning

約束をください。
約束をください。
かたく結んで、ほどけないような。
手に触れて、感じるような。
約束をください。
変わらない気持ちでいることを。
いつもそばにいることを。

恋人の過去を気にしない
強い自分でいるために

恋人が過去、付き合って来た人と、つい今の自分とを比較してしまうことがある。どんな性格だったのか、どんな容姿で、どこが好きだったのか。きっと自分と照らし合わせることで、少し安心したいのかもしれない。けれど、それはあまり意味のないことだと思う。大事なのは「今」の二人なのに、相手の過去を掘り下げて、安心しようとする時は、自分に少し自信が足りない時だ。一番愛されているのは自分だと思えたなら、相手の過去など気にもならないはずなのに。

相手に過去があるように、自分にも過去がある。その過去があって今の二人がいる。それは思い出したくない過去かもしれないし、触れて欲しくない過去かもしれない。変えられない過去を知って何になるだろう。相手の過去の恋人を知って、比較して何になるだろう。二人にとって大切なことは今を大事に積み重ねることじゃないだろうか。

一番見つめなければいけないのは誰なのか。

それは目の前の大切な相手しかいない。

相手の幸せとは？　喜んでくれることは何だろう？　それを見つめ続けることこそ取り組むべきことだと思う。大切なその人の幸せが、自分の幸せに繋がっていくのなら本当に幸せで、過去を気にしない強さは自分の自信にもなるだろう。


心が弱く、迷いそうになった時、過去に打ち克つのは強い心と、自信を持った自分以外にいない。不安になった時こそ大切な人をもっと大切に。それができたら一番求めていた安心に変わるだろう。

運命は選べるし、自分の手で作り出せる

運命という言葉が持つ意味は「自分の意志をこえたもの」とある。

確かに生まれた人種や国や環境、この世に生まれることは自分の意志をこえたもの、それは運命であると思う。その中で人と人が出会うことも一つの運命ではないだろうか。ほんの些細な出会いだと思っていたことも、大きな自分の運命に繋がっていることもある。

いくつも恋をする友達が、よくこの「運命」という言葉を使う。新しい恋人ができれば「運命の人を見つけた」と自分の運命を疑うこともせず恋に没頭する。しばらくして連絡があって話を聞けば、恋人の浮気が原因で別れてしまったと言う。半年ほどで別れてしまう運命の人とは、と甚だ疑問ではあるが、当の本人は気にも留めず、しばらくすれば新しい運命の人を見つけてくるのだからなかなか頼もしく、また羨ましくもある。

偶然のような出会いも、本当は自分がちゃんと選んだものではないかと思う。どんな偶然でも必然がその中にはあるのではないだろうか。
特に恋愛に関して、運命の道は自分で選んで歩いているのではないかと思う。この世に生まれてたくさんの人と出会う運命の中で、心が揺れて恋に落ちること、かけがえのない人を見つけるのは、自分の意志だと思う。自分がちゃんと選んだのだと思う。
その運命に手を差し出し、引き寄せるのは自分自身だ。運命は自分の手で作り出せる。

辛いことがあっても、好きな人や大切な人がいるのなら今を一生懸命生きてみよう。そこに運命の人がいるのなら、幸せはすぐそこにある。

beginning

この気持ちは何だろう。
その人の過去に、
自分がいないことは
あたりまえのはずなのに、
それが今、とても悔しい。

beginning

それが愛だとは知らなかった。
気付いた時にはもう遅くて、
手のひらからこぼれ落ちていた。

beginning

もう少し近づけたらなと思う。
二人の距離ではなく、気持ち。

「付き合って」とかじゃなく、
まして「愛して」でもない。
ただただ近づけたらなと思う。

beginning

「諦めよう」と
「諦めたくない」を
繰り返して
「やっぱり好き」と
心は変わらずそこにある。
自分に嘘はつきたくなくて。

beginning

遠回りだったとしてもいいよ。
大事なものを大事にして来ただけ。
急いで大事なものを見失うより、
その方がずっといい。
あの時、あの瞬間は本物で、
かけがえのない時間。

Chapter 2 泣いてしまうほど本気で恋をしたんだ

失った恋の思い出は
苦しいけれど無駄じゃない

本棚の片隅で懐かしい背表紙を見つけて、ほんの少し、胸の奥が締め付けられる思いがした。その本はずっと昔に当時の恋人から借りていたもので、別れてしまったあと、そのまま返せずにいたものだった。懐かしくてパラパラと本をめくればページの端にコーヒーのシミがついていて、本を顔に近づければ懐かしいその時の匂いがするような気がした。

同時に、その時に聴いていた音楽や、二人一緒に並んで歩いた景色、恋人のどこか寂しそうな横顔を思い出した。今思えば、なんであんなつまらないことで嫉妬をしたり、怒って意地を張ったり、喧嘩をしてしまったのだろうと思う。

でもきっと、その時は一生懸命だったのだ。本気で好きだったから、些細な言葉や、抑えられない嫉妬に本気で傷ついていた。ただその時は相手を思いやる余裕もなく、相手の気持ちよりも自分の気持ちを優先してしまい、自分の想いを分かってくれないという不満をぶつけて、簡単に相手を傷つけてしまっていた。

その恋が終わった時、心から自然に笑うことはもうできないと思った。失ったものが大き過ぎて、もう誰も好きになることはないと思った。ただ時間だけが優しく過ぎていった。時間が経って思えば、失ったものばかりじゃない。優しい気持ちや本当の寂しさ、そして心から人を好きになる気持ちはその恋がなければ知らなかったものばかりだ。たとえ恋を失ったとしても、何も無駄なことなどなかったと思う。あの時、あの瞬間、あの想いは確かにそこにあって、かけがえのないものだった。そしてその心は今の自分に繋がっていると思う。

懐かしいその本を本棚に戻した時、自分の過去の記憶をそっと胸にしまった。また時々思い出して、優しい気持ちになることもあるかもしれない。無邪気で、真っ直ぐな、そんな恋をしていたことを。

会えるその日を
楽しみに生きていける

相手からの連絡を待つことが、とても苦しくなる時がある。
今日連絡が来るかも、明日連絡があるかもと、ずっと待っている時がある。
自分からは連絡する勇気もなく、ただ嫌われたくない一心で毎日返事を待つ。
もしかして着信があるかもと何度も携帯の履歴を確認して、ほんの少しでも
自分のために時間を作ってくれるかもと毎日淡い期待をしてしまう。

きっと期待しない方が楽で、傷つかないのに、期待して待ってしまうのは
本当にその人が好きだからだと思う。叶わないと分かっていても、意味がな
いと分かっていても、心のどこかで期待している自分がいる。99パーセント
無理と分かっていても、残り1パーセントを心の隅で期待してしまう。そん
な恋もある。

断ち切れない想いを抱えたまま何年も何かを、誰かを、待つこともある。

ずっと、同じ人を好きでいることは未練だろうか。

何年も変わらず好きでい続けることは執着だろうか。

恋愛はきっと報われないことの方が多い。時に恋に破れ、立ち止まることもある。その中で、自分の人生で本気で好きになった人の数はどれくらいだろう。それは思うよりもずっと少ないのではないだろうか。誰かを好きになった瞬間から、人はその人に期待するのではないだろうか。次に話せる電話の約束、次に会う日の予定。どうでもいい人ならば期待などしないだろう。「またね」と言った瞬間から会えるその日を楽しみに期待してしまう。大げさではなくそのために生きていけるというような想いがある。

自分の愛する人に愛されたい。それはとても自然な感情ではないだろうか。

恋愛は楽しいことばかりじゃない。待つ苦しさを知っていてもなお、その人の心に触れていたい。そう思える人に出会えたことは素敵なことだと思う。

lovesick

特別な時間とは
何か特別なことをするのではなく、
ただ特別な人が、
同じ時間、同じ場所で、
同じ気持ちでいてくれること。

lovesick

忘れられない記憶があってもいい。
忘れられない想いがあってもいい。

変わらない気持ちはいつも
切なさを連れて来るけれど、
それだけ本気だった証拠。
「ありがとう」と思えたら、
どんな過去もきっと宝物。

同じくらい
好きでいて欲しい

誰かを好きになれば「同じ気持ちでいて欲しい」と思うことは当然のこと。
切なさを感じるのは、いつも「自分だけ」と思う時。

恋人であっても、自分の方が好きな気持ちが重いと感じる時は、少しだけ
切なく思う。

自分だけ気持ちが溢れ、自分だけ勝手に不安になり、自分だけ好きだと思
ってしまうことは本当に寂しい。
同じ分だけ好きになって欲しいとは思わないけれど、想いを寄せる相手に
自分を見て欲しいと思うことは自然な気持ちだと思う。

lovesick

切なさを知った時、
その人の大切さも知る。
切ないと思う時、
いつも大切な人がそこにいる。

lovesick

一番会いたい人に
「会いたい」と思っていて欲しい。
他に何もいらないから。

lovesick

人と人が出会うことが
小さな奇跡なようなもので、
その中で心が揺れて、
好きになる人がいることは
本当に特別なこと。
たとえ届かなくても、
その気持ちはかけがえがない。

寂しがるのも、好きと言うのも、自分だけじゃ足りないし満たされない

相手を想えば想うほど自分の気持ちが膨らみ、満たされない思いが溢れることがある。今のままで十分なはずなのに、足りないと思い、相手に不満を募らせる時がある。

「足りない」と思う時は自分のことだけを考えていることが多い。「自分だけ連絡をしている」「自分だけ好きだと言っている」「自分だけ寂しい」と、自分の気持ちを相手に押し付けていることがある。

相手の気持ちを欲しがることを優先するよりも、自分が相手に何をできるのかを優先する方がいい。

気持ちを受け取ることよりも、与えることを優先することで自分の気持ちはずっと楽になる。与え続けることで自分の心が満たされることを知れば、相手のことをもっと思いやることができるだろう。愛される自分を優先すれ

ばますます自分の思い通りにならない不満が増すだけだろう。溢れるほどの気持ちがあるのなら、その気持ちを素直に相手に渡せばいい。

ただ好きだった最初の気持ちが一番大事なのにそれを忘れてしまう時がある。不満が積み重なって、前を見失う前に、もう一度立ち止まって考えることができたらいい。

「この人に自分は何ができるだろう」いつも心でそう思いたい。

何かをしてくれなかった不満を積み重ねるより、何かその人にできたことを積み重ねていけばきっと心は満たされる。

「大切にする」ということは、思いやりにも似た、そんな一つ一つの行動だ。

lovesick

信じること
思いやること
嘘をつかないこと
優しくすること
言葉にすること
伝えること
感謝すること
あたりまえじゃないこと
忘れないこと
大切なこと。

愛が執着に変わる前に

相手の心の中にもう自分がいないと分かってしまう時がある。それは急にやって来るのではなく、きっと自分の中で気付いていたはずだ。気付いていて見ない振りをしていたのだと思う。その事実はあまりにも寂しくて、辛いものだから。

人の心は移りやすい。別れは時として残酷で、自分の心はそのままなのに、相手の心が変わってしまうことがある。嫌いになれば楽なのに、嫌いにもなれず心はまだ愛しさを感じている。人と別れると心の半分が死んでしまうのではないかと思うほどに、ずっと残った愛しさを持ったまま、何年も過ごさなくてはいけない。それは自分が思うよりずっと苦しいこと。本気な恋であればあったほど簡単には次には進めない。

離れてしまう人は結局、どんなことをしても離れてしまう。

引き止めても相手に自分へ向かう心がなければ、ただ虚しいだけ。追いか

けれぱ追いかけるほど余計に心が渇いてしまう。愛情が執着に変われば、心がない相手を憎んでしまうかもしれない。愛情が憎しみや執着に変わる前に離れてしまおう。それは身を切られるほど辛いことだけれど、想いは大切な想いのまま、自分で昇華してあげよう。

別れた後、すぐに思い出にはできない。ふと過去を思い出して泣いてしまう時もあると思う。けれどいつか思い出して優しい気持ちになる時が来る。あの時の真剣で、純粋に好きだった想いは決して無駄にはならない。

自分を責め続けてもただ自分が苦しいだけ。別れを別れとして受け止めて、また新しい自分になればいい。時間はかかるけれど、未来への大事な一歩だから。

lovesick

もう戻れないと分かっているのに
またその優しさに帰りたくなる。
思い出はいつも鮮やかで、
あの日の自分と何も変わらないまま。

lovesick

別れが、人を強くさせることを
知っていても、
やっぱり、別れは別れでしかなく、
どうしようもなく寂しいのです。

lovesick

中途半端な関係は
余計傷つくだけだから
いっそ投げ出せばいいのに
わずかでも繋がっていたいと
そう思ってしまって、
また近くに行こうとする。
心が離れたがらなくて。

lovesick

悲しみを悲しみのまま
受け止めよう。
ちゃんと傷ついて泣くこと。
心がそうしたいと思うなら。

いつか自分の想いに
ありがとうと言えるかな。
愛した人、好きになった人に
ありがとうと言えるかな。
いつかそう思いたい。

好きでいてくれてありがとう。
好きでいさせてくれてありがとう。

恋を失ったからといって
自分の心を失ってはいけない

大事にされない恋愛なら、大切にされない恋ならやめてしまっていいと思う。

ただ、一度生まれた気持ちを消すことは難しい。その想いが自分の体の一部のようであればあるほど、簡単に離れることはできない。自分の気持ちを手放すことほど難しいものはないだろう。

たとえば、ずっと片想いだった相手に自分の想いを伝えたままで、それから進展もなく、放置されたままでいる関係や、自分からしない限り相手から何一つ連絡がなく、やっと連絡が取れてもそこに全く思いやりや心もない関係、恋人でも友達でもない、そんな中途半端な関係などは、傷ついたり、期待しても報われなかったりすることの方が多い。

「大事にされていない」と気付いても、ほんの僅かでも繋がっていたいと思

い、少しでもそばにいたいと心が思ってしまう。
だから好きという感情は時々苦しくなる。苦しいと分かっていてもその人への気持ちは簡単には消えることはない。切なくても、他に好きな人の代わりなんていないから余計に辛い。

「好きになった方が負け」という言葉をよく聞く。でも本当にそうだろうか？　恋愛に勝ち負けなんてあるのだろうか？　恋愛はいつも平等だと思う。対等だと思う。先に好きになったから負けなんかじゃない。人を好きになることはもっと尊いはずだ。大事に扱われるべきものだ。その想いがたとえ届かなくても、大事にされないなら、いっそその気持ちを抱えたまま離れてもいいと思う。

自分の恋心を守れるのは自分しかいない。

心は壊れやすく、脆く、儚い。だからこそ大事にされるべきものだ。

嫉妬に負ける＝自分に負ける
大切な恋ならとことん好きになればいい

優しさは自分だけに向けられたら嬉しいものなのに、好きな人が見せる全方位の優しさは時に嫉妬に変わり、尖ったナイフのように胸に刺さることもある。優しいその人が好きなのに、その優しさが自分を苦しめるものになる矛盾を抱えてしまう。

本当は嫉妬なんかしたくはない。嫉妬の感情は邪魔だ。人を好きになると知らなかったような心の闇、自分の「黒い部分」と向き合わなくてはいけない時がある。


相手を信じていないから嫉妬するのではないか。いや、そうではない。もちろん信じている。

誰かを好きになれば嫉妬は必ず付いてくる。

嫉妬する自分が嫌いなはずなのに、理屈ではないから思い悩んでしまう。

自分が作り出した嫉妬の感情で大切な恋を終わらせるなんて、もったいないと思う。


どうしたら嫉妬から自由になれるだろう。

好きな気持ちが強いほど嫉妬の感情も深くなる。それならば嫉妬は嫉妬として受け入れてみるのはどうだろう。


嫉妬の感情がムクムクと顔を見せたら感情的になるのではなく、余裕のある自分でありたい。

嫉妬してもいい。

嫉妬する自分を認めてあげよう。

そしてその気持ちに取り込まれるのではなく、相手への愛情の裏返しだと思えば、自分の嫉妬の気持ちも少しは可愛く思えるのではないだろうか。

lovesick

「特別」というのは
相手を独占することではなく、
自分だけにしか分からない魅力を
大切なその人の中で発見すること。

lovesick

自分だけを見て欲しいのは
あたりまえのこと。
嫉妬じゃない。
ワガママじゃない。
独占欲じゃない。
好きとはそういうこと。

一番大切な人、
一番素直になりたい人

素直さというものは恋愛をする時に最も大事なことではないだろうかと思う。

素直になれない時はどこか意地を張って、自分の気持ちを押し隠していることが多い。会いたい人に会いたいと素直に言えないのは、変に相手に気を遣っているのかもしれない。それは自分が重い人間と思われたくないとか、自分ばかり会いたいという気持ちを押し付けているようで、嫌われたくないと思っているのかもしれない。

でも本当にそれでいいのだろうか。自分の好きな人に好きと言えず、会いたいと思っていても素直に会いたいと言えない恋愛は恋愛だろうか。相手に気を遣わなくてはいけない時もあるだろう。それでも自分の心全部で相手に向き合うことが恋ではないだろうか。

素直というのはありのままの自分であるということ。

素直さは相手の心の奥を開く鍵でもあると思う。何かのきっかけで意地を張れば、相手も同じように意地を張るかもしれない。素直な自分でいると、同じように相手も心を開き、素直でいようとする。長く続く恋愛はお互いが一緒にいても疲れないことが大切だろう。とても自然で、心地よい関係とはお互いが精神的に無理をしないで、ありのままの自分でいられることだろう。


愛おしさを感じる時、それは相手の素直な心に触れた時。

恋愛はお互いの心の歯車を一緒に回すこと。素直さはその歯車を回りやすくする潤滑油。


一番大切な人は誰？　一番素直になりたい人は誰？

その答えが一番好きな人でありますように。

lovesick

とても自然に会いたくなった時に、
なんの理由もなく
「会いたかったから」と言って
会えたらいい。
会いたい理由は
「会いたかったから」しかない。

エゴ、のち後悔

近くにいる人ほど傷つけてしまうことがある。

距離が近いから愛しく思う反面、近過ぎるから傷も深くなる。言わなくていいことを言ってしまったり、近くにいることがあたりまえのように思ってしまったりして、今ある大切なことを忘れてしまう時がある。


「なんでもっと大事にできなかったんだろう」

「なんであんなこと言ってしまったんだろう」

そんな後悔はいつも物事が終わってから気付く。でもそれはきっと失ってからでは遅いのだと思う。


恋愛はうまくいかないことの方が多い。自分のエゴが強くなればなるほど、思い通りにいかないことに対し、相手に不満を持つようになるかもしれない。それはとても危険なことだと思う。

好きだからという理由で何でも言っていいとは限らない。
好きだからという理由で何でもしていいとは限らない。
自分の気持ちだけを相手にぶつけることは愛情ではない。たとえそれが、一方的な片想いであっても、相手の気持ちを思いやることが一番大事だ。

恋愛は自分を映す鏡のようなものだ。恋愛を通して本当の自分の姿に気付かされることが多い。その鏡に映る自分がもっと純粋であるために、本当に大事なことは何なのか見極めたい。
失った恋愛は後悔の連続だ。けれどそこから学ぶものはたくさんある。

lovesick

もっと話したかった。
もっと会いたかった。
触れていたかった。
好きでしかなかった。
いくつも飲み込んだ言葉、
胸に重なって、積もって、
溢れてこぼれる。
自分だけ、あの日のままで。

lovesick

思い出にできなくても
忘れられなくても
好きな人は好きなまま。
なかったことにしなくていい。
好きでいた自分。
本当の自分がそこにいたこと。
かけがえのない時間の中で
人を好きになれたことは宝物。

強がりじゃなく、
素直になれば良かった。
嘘じゃなく、
本音を言えば良かった。
黙っていないで、
言葉にすれば良かった。

嘘をついていることに
気付いてしまう残酷さ

一番好きな人だから分かってしまう時がある。

一番好きな人だから気付いてしまう時がある。

誰よりもその人を知っているからこそ、嘘や微妙な心変わりに気付いてしまう。それは悲しいほど残酷で、本当のことだから余計にその嘘や、何でもない顔を見ると辛くなってしまう。一度離れていってしまった心は簡単に元には戻らない。儚いガラス細工のように、手から離れて割れてしまえば、どんなに過去に戻りたくても二度と戻ることはない。

相手の心の中に自分を見つけられなくなった時、もう離れた方がお互いのためと分かっていても、まだどこかで相手の心に残っている自分を探してしまう。まだどこかで昔と変わらない笑顔と愛情を期待してしまう。自分は何も変わらず相手の気持ちだけが変わってしまうことが一番切ない。

真実は、いつも眩しく美しいとは限らない。真実だから苦しくて、どこにも行けなくなる時だってある。一度生まれた、愛する心は消えてくれない。すぐに忘れることもできない。どこまでも暗く深い底に沈んでしまって動けなくなる。

辛く切ない思いを抱え込み、もうこれ以上歩けないと思うこともあるかもしれない。想いはずっと生きていて、その気持ちが自分を苦しめるかもしれない。けれど、それほどの気持ちだった、それほど好きだったということ。たとえ別れてしまっても、本気で好きだったという気持ちは紛れもなく本物で、真実だ。そこに嘘は一ミリもない。

苦しみや切なさが、大事な人をもっと大事にしたいという思いへ変わる日は来る。そしていつか大切な人を見つけたら、その優しさを持ち寄って、また人を信じたい。

暗い底にいて前が見えない時、優しく差し出される手をぎゅっとつかみたい。離れないように、離さないように。

裏切られるのは
あなたのせいじゃない

一度裏切られると、もう一度恋をすることに臆病になる。

もう二度と同じ思いをしたくはないと思うのは当然のことだと思う。

一番好きで信用していた人に裏切られることほど辛いことはない。

本当に辛いことは、たとえ裏切られた相手であっても、まだその人を好きでいることだと思う。いっそ嫌いになればきっと楽なのに、まだその人に残っている気持ちの行き場を見失ってしまう。


自分に落ち度があったから。自分が寂しい思いをさせてしまったから。

何かの理由を見つけて自分を責めればキリがない。

裏切られた原因が全て自分にあるなんて思わなくていい。

裏切られても自分を責めなくていい。

深呼吸して縁がなかったと気持ちを切り替えればいい。

lovesick

裏切りから立ち直るには

時間がかかるかもしれない。

それでも歩ける強さはきっとあるから

辛さを受け止め

強さに変えていけたらいい。

lovesick

自分を無理に変える必要はない。

笑顔を忘れないために

また人を好きになるために。

lovesick

嫌いになれもせず、
想いは想いのまま
変わらない気持ちがある。
「幸せに」という思いと、
そこに自分がいない切なさ。
離れると分かっていても、
全て、好きでした。

ダメなところや弱さを愛することができるか

「全然大丈夫」と強がるより、「ダメかもしれない」と本音を言ってくれる方が嬉しいこともある。

仕事が上手くいかない友人がふと悔し涙を見せたことがある。昔から強い人だと思っていたので、その涙に驚いた記憶がある。弱さと必死で戦っているのだと思うと、その友人が今までよりも身近に感じられ、親密な気持ちになれた。自分だけじゃないんだと弱さを見せてくれた友人を愛しく思えた。

本当の自分を見せた時、大切に思う人が離れてしまうかもしれない。もしかすれば嫌われてしまうかもしれない。友達にしろ、恋人にしろ、上辺だけなら綺麗なままいい関係が続くかもしれない。けれど本当に深く、その人と付き合いたい、その人を知りたいと思う時ほどその人のダメなところや弱さを正面から見つめるべきではないか。

自分の弱さをさらけ出せないのは、心の何処かで「こんな姿を見せてはいけない」とブレーキをかけてしまっているから。
付き合いたての二人なら、お互いを好きな気持ちで溢れ、ただそれだけで毎日が嬉しくて充実したものだと思う。付き合いが深まれば恋する熱い気持ちは少しずつ緩やかになり、その人そのものの存在を愛するようになる。その人の本当の姿を愛することができるか、許すことができるかが、その人自身と向き合う意味で大切なことになる。
この人の前なら本当の自分でいられる、無理をしなくてもいい、ありのままの自分でいられる、そう思えるならきっと楽だろう。ずっと息を吸い続ければいつか苦しくなる。自然なまま、ふっと息を吐ける場所があればいい。その場所が無理をしない自分の居場所なのだから。

lovesick

「大丈夫」と言って
強がるしかなかった。
そう言わないと
笑ってさよならをできないから。

lovesick

離れてしまってからも
優しい人は残酷だなと思う。
その優しさに触れて、
もう戻れないのに
またそこに帰りたくなる。

lovesick

どこにも行き着かない恋と
知っていても
好きにならずにいられない
恋でした。
溢れるほどの想いがあっても、
どこにも辿り着けない。
それでもいいと、
その人しかいないと、
そんな恋もあるのです。

自分がちっぽけに見える時

自分に自信がないと周りの人が輝いて見える。
自分がとてもちっぽけに思え、良くないところばかりが気になり自己嫌悪に陥る。幸せそうな人の恋愛を羨ましく思い、妬み、ひとり落ち込むこともある。他人が気になる時は自分に余裕がない時、自信を失っている時だ。

恋愛で人を好きになること以上に大切なことは、自分を好きになることだと思う。誰かに愛されるために、嫌いな自分より好きな自分でありたいと思うけれど、好きになるのは難しい。自分の欠点は、自分が一番よく知っているから。

自分を好きになるにはどうしたらいいだろう。
まずは自分のいいところを見つけることだ。どんなことでもいい。ほんの些細なことでいい。それが自分を好きになるための大事な一歩だ。

反対に欠点はどうしたらいいだろう。

欠点を知っているということは、改善できる場所を知っているということだ。実はいいところを知っているよりも、もっと大事なことなのではないだろうか。そして直そうとする努力は、自分の欠点を自虐的に人に言うより前向きだ。


自分を好きになる。

それはきっと自分自身と真正面から向き合うこと。怖いことだけど、そこから逃げないで欲しい。


自分のことを諦めないで欲しい。

改善しようとする姿は、とてもひたむきで輝いている。そこから自信は生まれて来る。

無理に強くならなくていい。
弱さ引きずったままでいい。
無理に何かになろうとするより
今の自分を愛そう。
少しずつでいい、
笑うことを忘れないように。
新しい明日はその日のため。

lovesick

見えない先の不安に悩むより
今この時が一番大事。

「大丈夫」と何度も
自分に言ってあげよう。
時々立ち止まって
時々泣いて笑って。

lovesick

「我慢しなくていいんだ」と
そう思える人がいたらいい。
よその自分は疲れてしまうから。
「我慢しなくていいんだ」と
そう思えたら楽になる。
一緒にいて楽って大事なこと。
友達でも、恋人でも。

結婚や同棲が
長く続くかどうか

「お互い様」という言葉が好きだ。

その言葉の奥には深い愛情が潜んでいるように思う。


どんな人間も完璧ではなく、ダメなところや足りないところは必ずある。

恋人として付き合っていた時には気付かなかったことで、同棲や結婚をしてから価値観が合わずに別れてしまうことがある。恋人としている時にはお互いのキラキラした部分、つまり嫌われたくない一心で自分のいいところだけを相手に見せているからで、一つ屋根の下で暮らすとなれば、相手のまた異なる側面を目の当たりにしなければならない。見たくなかった負の部分も目にするようになるだろう。

それを妥協という形で諦めるのか、理解して寄り添うのかで大きな違いがあると思うし、見たくなかった部分を飲み込めるか否かで、同棲や結婚が長く続くかどうかが決まるのかもしれない。

どんな人間にも欠点があって、それは自分も相手も同じこと。その足りないところを愛情という形で補うことができたらいい。

時にはどうしても我慢できないところもあるだろう。
そんな時は、無理に我慢することなく言い合える関係がいい。いい関係を保つために本音でぶつかることも時には必要なことだと思う。本当に相手のことを思うからこそ伝えたいことがある。

大事なことは、相手を一人の人として認めることだ。その行為は好きという気持ちよりもずっと深い愛の印だと思う。

lovesick

大切な人だから、壊したくなくて、
「伝えたい」と思う気持ちと、
「そのままでいたい」を繰り返す。

lovesick

心変わりに怯えるより、
もっとずっと深く想いたい。
他の誰にも負けない気持ちが
きっと自分を支えてくれるから。

lovesick

「声が聞きたい」も
「会いたいも」も
口にすること、
我慢しなくていいよね。
本当の気持ちは言葉にしたい。
ワガママじゃなくて、
本当にその気持ちしかないから。

Chapter

忘れられない恋なら
出会わなければ良かった

どんな出会いだとしても
運命の続きを選ぶのは自分

もう少し早く出会っていたならと思う恋愛がある。

相手に恋人や決まった人がいる場合は、なおさらそう思うことが多い。反対に自分に決まった人がいるにもかかわらず、誰かを好きになってしまうこともある。

出会いの順番は時として残酷なもの。

「もう少し早く出会っていたなら」。そう思い、自分の心に蓋をする。気持ちが止められず、恋人のいる相手に想いを伝える場合もあるかもしれない。

人を好きになることは誰にも止められはしないし、出会う順番を自分で選ぶことはできない。どうしようもないほど人の心は、特に恋愛に関しては一筋縄ではいかないことの方が多い。「愛してる」や「好き」の気持ちだけでは叶わないから切なく、苦しいのだと思う。

出会いの順番は、選びようがない分、運命のようなものかもしれない。諦めることも、諦めないことも自由だ。ただその自由には責任がある。出会う運命は決められないけれど、その運命の続きを選ぶことはできる。

自分の幸せを考えた時に、必要な人がそばにいてくれたなら本当に幸せだと思う。けれど全て上手くいくとは限らない。遠くから想うことしか、離れて見守ることしかできない時もある。切なさの中で本当に相手の幸せを考えた時に、距離を置くことがその人の幸せなら、自分の選択に後悔はしないだろう。

どんな出会いも未来の自分を形作る大事なもの。運命のような出会いの中で自分の選んだ道を真っ直ぐ進みたい。どんな形であっても、そこに確かな愛があるならその選択は正しいのだから。

想いは想いのまま

記憶とは不思議なもので、忘れていたと思っていた物事を急に思い出してしまう。

ある日、喫茶店に入って温かいコーヒーを飲んでいた時、とても懐かしい曲が流れて来た。高校時代に流行っていた曲で、よく聴いていた曲だった。自分には好きな人がいて、その人には付き合っている恋人がいた。完全な片想いだ。同じクラスということもあって、休み時間によく話をするくらいには、仲が良かった記憶がある。好きな曲の話で、同じバンドが好きなことで盛り上がった時、好きな人がそのバンドのアルバムを貸してくれた。嬉しくて、嬉しくて家に帰ってから何度も繰り返し聴いた。イントロを聴いただけでどの曲かと分かるほどに。

その後、クラスが替わり、話すこともなくなってしまった。機会を作れば話しかけることもできたのに、自分には勇気がなかったのだと思う。学校の廊下や、帰り際に校門で姿を見るたび、胸の奥が締め付けられる思いがした。

その後、想いは想いのまま蓋をして閉じ込めてしまった。

忘れていた記憶の蓋が、懐かしい音楽と一緒に開かれた時、そこには傷みはなかった。ただ懐かしく、優しい気持ちが込み上げるとともに、何もできなかった自分、不器用だった自分、本当に好きな人をただ好きだった自分を思い出して、可笑しく、また時間の流れに少しだけ切なくもなった。

何か忘れ物を取り戻せたような、ずっと胸の奥に閉じ込めていた懐かしい想いが、あの思い出の曲と一緒に解き放たれたような、そんな気がした。

思い出が、今、忘れかけていたあの時の真っ直ぐさや、純粋に人を好きになる気持ちをもう一度、よみがえらせてくれることもある。そんな記憶は宝物だ。そんな思い出をずっと大切にしたい。

wish

好きだから
離れることも
愛と知った。

wish

色褪せない思い出ほど綺麗で
昨日のことのようによみがえる。
目を閉じて、手を伸ばせば
触れられるように
優しくて、いつまでも温かい。

wish

本気だから、本気だったから
諦められない気持ちがある。
簡単に蓋をして、
閉じ込められるなら
こんなに苦しくはないのだろう。
本当に好きな気持ちは
後から後から溢れてしまうから。

辛い別れのせいで
恋に臆病になっても

新しく大切な人を見つけると、どうしてその人を失うことを想像してしまうのだろう。

それはきっと今までの別れの記憶が胸に残っているからかもしれない。

本当に好きな人、大切だった人との別れほど忘れられないものはない。

別れが辛いほど、また同じ気持ちになることが怖くなる。新しい出会いがあったとしてもその先にある別れを思って恋をすることに臆病になる。また裏切られるかもしれない。相手が急に心変わりするかもしれない。過去と同じように捨てられてしまうならと思うと、相手に心を開けなくなる。疑うことが先になり、どうしても信じ切れなくなってしまう。悲しい別れが多いほど人を信じ切ることは難しい。新しく出会う人は、過去の人とは全く別の人だと分かっていても怖さの方が勝ってしまう。

心から相手を信じ切れたらどれだけいいだろう。

疑うことなく心のままに愛せたらどれだけいいだろう。

人を信じるということは、自分を信じてあげることかもしれない。

過去を変えるものは、いつだって他人ではなくて自分だ。たくさん傷ついた傷みの中から見つけるものは人を疑う猜疑心ではなく、裏切られても人を信じる強さではないだろうか。辛い別れのたびにバカだなと思っても、信じた自分が残っているのならそれでいいと思う。


未来を作るものは確かな今で、新しい出会い一つ一つがかけがえのないものだと思う。愛されたいと思うなら、自分から心を開く方がいい。変えたいと思ったなら、もう変わっている心がある。

恋愛のその先に別れがあるかもしれない。同じことを繰り返すかもしれない。それでも一生懸命な自分でいたい。後悔があってもいい。その辛さを引きずったまま幸せを見つけてもいい。そんな姿はカッコ悪くなんかないから。

wish

その人の一番には
なれないかもしれないけれど、
誰より強く想う気持ちは変わりない。
そばにいることができなくても、
見守ることも愛と知ったから。

人を好きになること、想いを伝えることは覚悟が必要

誰かを好きになる感情は、きっと理屈を超えたものだと思う。

家庭がある男性を好きになってしまったという女性から相談されたことがある。好きになってはいけないと思いながらも、行き場のない気持ちに苦しみ、相手を奪う勇気も、気持ちを捨てる勇気もなく、どうしたらいいのか分からない様子で思い悩んでいた。

「好きになってしまったら仕方ない」と、止められない想いもある。

誰かを好きになることは自由で、その気持ちは誰にも奪われるものではない。ただそれを伝える人は選ばなくてはいけない。自分の行為が誰かの幸せを奪うかもしれない。深く傷つく人が必ずいるとしたら、その不幸の上に立ち、幸せを感じることができるだろうか。

人を好きになること、その想いを伝えることには覚悟が、何かを選んで決めるには別の何かを捨てるという選択が必要だと思う。

wish

好きな気持ちを抱えたまま、
好きな人を好きなまま、
そっと見守る愛情もある。

いつの日か
「これで良かった」と思えたなら
その選択に後悔はない。

wish

傷つかない恋はないと思う。
もし、傷ついたと思うなら、
その気持ちは本物ということ。
真剣だから傷つくし、
本気だから傷つく。

wish

人と人が出会うことは
小さな奇跡のようなもので、
その中で心が揺れて、
好きになる人がいることは
本当に特別なこと。
たとえ届かなくても、
その気持ちはかけがえがない。

声も
匂いも
温もりも
全部

あなただから
好きになった

笑ってさよならなんてできない
傷つかない別れなんてない

出会いと同じように別れも自分を成長させてくれるものだと思う。

出会いの中で得るもの、別れの中で得るもの、そのどちらも自分にとってかけがえのないものだ。

もちろん人は別れるために出会うわけじゃない。別れはいつだって悲しく、寂しさを伴う。綺麗な別れなんてないと思う。

相手に心変わりがあった時や、他に好きな人ができた時、心の変化は誰にでもあると分かっていても、実際に相手が離れて行くことは心が裂けるほど辛い。相手を憎むことも、嫌いになることもできないまま、好きな気持ちはそのままに残され、心は捕らわれて動けない。

本気な恋ほど笑ってさよならなんてできない。

まだ気持ちが残っているなら、なおさら強がることは難しい。

別れはどちらかが必ず傷つくもの。傷つかない別れなんてない。

こんなに苦しい思いをするのなら初めから出会わなければ良かったと思う。

大切な人に出会うとそれ以上に別れることが怖くなる。別れが怖くて深い繋がりになることを避けてしまうこともある。

出会うことに臆病になる時はきっと、過去と同じように傷ついたり、傷つけたりすることが怖くなるから。

でも出会ってしまった時は、それ以上に人を好きになる気持ち、優しい気持ち、本当の自分らしさをきっと見つけているはず。

人は一人でも生きていける。それでも人に出会いたい。

どれだけの出会いを大切にできるか、どれだけの別れに感謝できるかが自分にとって大事なことだと思う。

wish

本当に好きな人だったから、
今でも好きな人だから、
「幸せに」と思う気持ち半分、
強がり半分。

wish

愛しさの前では
いつも無力で、何もできず、
そっと想うことしかできなかった。
ただ好きでいることが
これほど苦しいとは知らずに。

「ありがとう」「大好きだよ」

言葉は形にはならないものだけれど、形がないからこそ心に残るものだと思う。どうしようもなく落ち込んだ時、励まされた言葉がある。

何気ないその言葉は、深い井戸の底にいるような気持ちの時に暗い闇に差す優しい光になった。何年経っても褪せることなく、時々思い出しては、心に灯りをそっと灯し、頑張ろうと思わせてくれた。

言葉には人の気持ちがある。魂と言ってもいい。言葉にして初めてその人の胸の奥に気持ちを置いて来ることができる。大切な人と心で繋がりたいと思う時、いつも言葉がそこにある。人の心を癒すのもまた言葉だ。

植物を育てる時に「綺麗だよ」「元気だね」と声をかけると生き生きと育つと聞いたことがある。それは人も同じではないだろうか。「ありがとう」「大好きだよ」という言葉を受ける時、嫌な気持ちになる人はいないだろう。誰かを肯定する言葉なら、明日、頑張れる力にもなる。

伝えたい言葉があって、伝えたい人が自分の近くにいることはとても幸せ

なことだ。その人がいてあたりまえなんてことはなくて、いつだって人は大切な人を失う恐怖と共に生きている。後悔はいつも言葉で伝えられなかったことや、言葉にできなかったことにある。

不安が襲う時はいつも言葉が足りない時だ。不安を大きくするのは想像する自分だ。それを止める力が言葉にはある。大事な言葉なら何度も思い出し、不安を打ち消すお守りになる。自分の好きな人から貰った言葉なら自分を支える柱になる。言葉は心を潤す水のようなもの。寂しさで打ちひしがれそうな時、愛ある言葉があれば歩いていける。笑っていられる。

愛したい人、大切に思う人には言葉で伝えたい。

どんな些細で、ありふれた言葉でもいい。その一言が今この時、そして明日を照らしてくれる光になるから。

wish

言葉がなくても、
繋がっていると感じても、
やっぱり言葉が欲しい。
それがどんな些細な言葉でも、
大切な人から貰った言葉なら
自分を支えるものになるから。

wish

「諦めよう」と
「諦めたくない」を行ったり来たり。
細い糸のような小さな希望で。

wish

どれだけ追いかけても
離れてしまう人は離れてしまう。

執着をしても、
少しの間遠くに行っても、
また戻って来る人は戻って来る。
追いかけて追いかけて見失う人より、
変わらず近くにいてくれる人を
大事にできたらいい。

「これが最後」と
信じ抜いた自分を誇れ。
「この人しかいない」と
迷わなかった自分を誇れ。
泣いて前が見えない夜に、
誰も信じられなくなっても、
真っ直ぐな自分が残ればいい。
幸せになるしかないから。

本当の自分と向き合う時間

恋を失って当然一人になる。

一人というのはとても孤独だけれど、実はこれからの自分を作る上で大切なもの。一人になれば自分を見つめる時間が持てる。自分と向き合う時間が持てる。それは二人でいる時にはなかなか持てなかった時間だと思う。

孤独は自分を磨くことができる大切な時間なのではないか。

恋を失った時、それは自己を磨く絶好のチャンスだ。

自分を見つめ直すことは見たくなかったことや、嫌いな自分も含まれているから勇気がいる。自分自身から目を背けたくなる時でも、どうか孤独になることから逃げないで欲しい。


一人は誰でも寂しい。孤独という言葉に怖くなることもある。

けれど、新しい自分に出会うために孤独を受け入れることも人生において大事な時間だ。

過去を振り返り、本当の優しさだったり、人をもっと大切に思う気持ちだったり、自分に足りなかったことに気付くことができるかもしれない。一人にならなければ分からなかったことは、実はたくさんあるのではないか。その一つ一つの発見が未来の新しい自分にも必ず繋がっていく。

失恋は失うことばかりじゃない。

孤独を味方にしよう。

孤独はきっとまた誰かを深く愛するために必要な時間。

寂しさに負けそうな時でも、孤独を恐れずに、本当の自分と向き合えた時、それはまた一つ、自分にとって大事な階段を上れるのだと思う。

「寂しくない」
といえば嘘になる。

素直になれないと分かって
会いにきて欲しい。

どんな出会いも特別なもの

別れと出会いを繰り返すことに、一体何の意味があるのだろう。
出会いの先に別れがあるのなら、最初から出会わなければ良かったと思う時もある。それでもまた、出会いを求めるのは、人と触れ合いたい気持ちがあるからではないだろうか。

誰かと出会うことは心が決めるもので、それは理屈じゃない。自分の心が動いた先に一つの出会いがあるのだと思う。自分にとって必要と思う人だからこそ、心が本能で求めるのだと思う。

どんな出会いにも必ず別れはついて来る。
別れはいつも辛く、苦しい。その別れがいつ来るのかも分からない。だからこそ今まで出会って来た人、これから出会う人はかけがえのないものなのだと思う。誰かと出会ってしまった時、過去の別れの傷みを思い出して、その人に触れること、心が繋がることに怯えて慎重になる時もあるかもしれない。それでも心が求めるなら怖がらないで欲しい。自分で決めた人、自分が求めた人なら後悔なんてしない。どんな結果になっても、自分で決めたものならきっと、それが自分なりの正しい答えなのだから。

正しかったのか、正しくなかったのか今は分からなくても、時間が経って「それで良かった」と思うこともある。

生きることは出会いと別れの連続で、その中で自分の心が決めた人、求めた人との出会いはそれがどんな形になったとしてもかけがえのないものだ。一つ一つの出会いの中で少しでも自分が成長できたなら、その出会いは特別なものになる。

大切なのは自分の気持ちに正直である心。

理屈じゃない、意味なんてない。心が向かう人に出会えたこと、それがきっと一番大切だ。どんな出会いにも感謝できたなら、もう迷わないだろう。

wish

「また会いたい」と思う人に
「また会いたい」と思われたい。
どんな約束より
会いたい人に会えることが
一番嬉しい。

wish

簡単に会えないから
余計に会いたいと思う。
会えない寂しさを埋めるものは
会った時の、あの嬉しさがあるから。
笑顔を見て、気持ちに触れた時、
「やっぱりこの人だ」と思う。
好きよりもっと大きくて。

ダメな日があったから
起き上がれる今日がある

恋はいつも不器用くらいが丁度いい。

一人で何事も上手くこなすより、二人で寄り添い支え合うくらいがいい。完璧な二人よりも、不完全な二人だからこそ育てようと思う心がある。頼りない二人だからこそ、その繋ぐ手は強いものになるのではないか。たくさんの失敗や後悔があったからこそ、これからの気持ちをもっと大事にしたいと思えることもあると思う。

過去を思い返せば、全ていいことばかりではない。そこには泣いた日があり、後悔があり、思い出したくない出来事があるかもしれない。

特に恋愛は感情的になることが多く、そんな失敗や後悔はたくさんあると思う。自分の気持ちだけでは上手くいかないことの方が多く、同じ失敗を繰り返してしまうこともある。何が正解か、正しいことなのか分からなくて、むやみに傷つけ、また傷つけられたりもする。

素敵な恋愛や、綺麗なだけの恋愛なんて最初からないのではないだろうか。
素敵な二人になるにはそこに必ずお互いを思いやれる努力が必要だ。その努力を苦ともせず、歩いてゆける二人ならいい。
いつか優しく時間が過ぎて、過去を思い出した時、「よくやったね」「我慢したね」と思えたらいい。どんな過去も、失敗も、自分に繋がっていて今の自分がいる。失敗する人を笑うことはできない。転んだ人を笑うことはできない。ダメな日があったから起き上がれる今日がある。

心を強く育てるものは、失敗や辛くて泣いた日々たち。
ダメだった日を笑えるのは強くなった自分がそこにいるから。
そう思うと、どんな過去も自分にとってかけがえのない財産だと思う。

wish

どんな過去も否定したくないな。
あの時、と思い出すと
後悔もあるけど
一生懸命な自分がいたはず。
あの時の出会いが、
あの時の別れがあったから、
今の自分があるのだと思う。
出会ってくれてありがとうと
思えたら
その時間たちはかけがえのない宝物。

wish

迷ったり悩んだりするのは
それだけ真剣で大事なことだから。
逃げ出せば簡単なのに、
そうしないのは
答えは自分の中にあることを
知っているから。
だから迷っていいよ。
焦る必要はない。

wish

「出会わなければ良かった」

「愛さなければ良かった」

なんて思えない。

出会ってしまったから。

愛してしまったから。

wish

ふと思い出す寂しさには
慣れないけど、
明日と、自分を信じると決めた。
寂しさを抱えて生きていくことも
強さだと気付いたから。

Chapter

好きになって良かった
そう言えるように

時間は優しく、思い出は温かい

あんなに辛いと思っていたことも、忘れたいと傷ついた心も、時間が優しく流してくれることがある。もうダメかもと何度思っていても、いつの間にか立ち直っている自分がいる。それは時間だけではなく、きっと自分の力でもあると思う。人にはその強さがある。

二度と人を好きになれないと思っていても、いつの間にか心許せる人に出会い、また人を好きになって明るい毎日を過ごせる時が来る。深く暗い場所にも優しい光が差し込む。その光は自分の心が開いた証拠だ。

恋を一つ失った時は何も考えられなくなる。同じ傷を負いたくなくて、人を信じることにも臆病になる。失恋から立ち直るには新しい恋が一番とよく聞くけれど、本気だった恋ほど簡単に次には進めない。たくさんの記憶と思い出があって、もう一度前を向くためにはその思い出たちと向き合う必要がある。思い出は忘れるためにあるんじゃなく、自分の胸に優しく置いておくものだと思う。思い出が遠い先、自分を温かく包んでくれることもある。

大切なことは失恋で恋を失っても、自分を失ってはいけないということ。自分を責め続け、自分を見失えば自分の居場所も分からず、前を向こうにも先が見えない。頭の上に重くのしかかる黒い雲は自分が作り出したもの。雨のように泣いた後はきっと晴れの日が必ず来る。今はそう思えなくても、時間が味方になってくれる。時間は常に優しく、そして立ち直る自分を見守ってくれている。

人の強さは困難から立ち直る姿にあると思う。恋愛だけではない。家族も友達も時間も大切な支えだ。でも立ち上がって歩き出すのは、自分にしかできない。目には見えない強さだけれど、昨日の自分や過去の自分より少しだけ前向きになれる自分がいたなら、それで十分。もうちゃんと心晴れて歩き出せる。

hope

後悔しない過去なんて
本当はないんじゃないかな。
いつももっとこうしていたらと、
もっとこんな風に言えたのにと、
きっと後悔が残ることばかり。

hope

後悔があるから、
また出会う人、出会えた人を
大事にしようと思える。
無駄な過去なんて一つもない。

ほんの少しでも
過去から自由になれたら

過去の自分を乗り越えるためにはどれくらいの時間が必要なんだろう。強さを手に入れるために、どれだけの過去を思い出にしなければいけないのだろう。

どんな過去も変えられるものではなく、今が一番大切なのだと分かっていても、過去の自分が輝いて見える時がある。本当の強さは、過去を忘れるのではなく、向き合うことだと思う。忘れられない記憶や過去は誰にでもある。その中で、今の自分はその過去の記憶を背負って生きている。

人を本気で好きになった時、別れてしまっても記憶は変わらずそこにある。その時から何も変わらない気持ちがある。たとえ未練と笑われても、それだけ真剣な想いだった。自分だけ変われずにいることは本当に苦しい。人の心は変わってしまうと分かっていても、いつも寂しさが残るのは、自分だけ取り残されたように感じるからだ。一歩も前に進めない自分がいたとしても、忘れられないものを無理に忘れる必要はないと思う。

過去は乗り越えるものではなく、ずっと抱えていくものなのかもしれない。たとえ今の自分を苦しめる想いであったとしても、消えない記憶に無理に蓋はできない。そんな記憶と共に生きていくことは辛い。

それでも、いつか好きで良かったと思える日は必ず来る。

時間がかかるかもしれない。ただ憎むことも、責めることもせず、相手を許すことは簡単じゃない。けれど前に進みたいと思う時、やっぱり許してあげたい。それは過去の自分も許すことだと思う。

どんな自分も自分で、何も変わっていないかもしれない。でもほんの少し、過去から自由になれたらそれは強くなれた証拠。辛い過去は愛せないかもしれないけれど、少しでも認めてあげたい。「よくやってるよ」「頑張ったね」と。

hope

忘れられないのは
それほどの恋をしたから。
自分の全部で好きになったから。

hope

平気な顔をするたび、
本当の自分から遠くなるね。
「ダメかも」って
「無理かも」って
言えたらいいね。
一番近くにいてくれる人に。

強がらなくていい
甘えたらいい

ワガママを言うことや甘えることは難しい。

ずっと会えない時に「会いたい」と言うこと。どんなに小さな約束でも、叶う約束が欲しい。自分への気持ちをちゃんと言葉で伝えて欲しい。

本当に大切な人だとそんなワガママは言えなくなる。迷惑かも、嫌われるかもと自分の本音はなかなか言えない。

甘えることは、その人に頼ることだと思う。頼ることは大きな木に寄りかかるような感じだけれど、甘え過ぎれば寄りかかられる木も負担を感じ、「重い」と思うかもしれない。そのさじ加減はとても難しい。頼ることは相手を信用している証拠で、頼られる方も「信用されている」と感じることに悪い気持ちはしないだろう。

だからワガママや甘えがなくなれば頼られる方も少し寂しいかもしれない。

恋愛で大切なことはお互いの信頼関係だ。それは好きとか愛しているとか

いう感情じゃなく、「人として」の信頼がお互いに持てるかどうかだ。ひとりの人としてどれだけ相手を信用しているか。本当の信頼関係はその中から生まれる。

頼りっぱなしな自分よりも、時として頼られる自分でいたい。そのために自分も相手にとって安らげる大きな木になる必要がある。ワガママも甘えもお互いにとって必要なことだと思う。けれどそれはお互いの強い信用があってこそ。長く付き合えばどちらかが弱ってしまう時もあるだろう。その時にワガママを我慢して強がらず、甘えられたらいい。頼れたらいい。本当の自分を見せること、自分の弱さを見せることは怖い。けれど向き合えたらいい。信じているその人だから。誰より信じたいその人だから。

ワガママを言うことも甘えることも難しい。けれどその中に強い二人の絆と繋がりが試されている。強い二人には、お互いの弱さと向き合う強さがある。その絆が深まれば幸せはきっとすぐそこにある。

思いやりを忘れない。
大事だよと言葉で伝えること。
疑って、試さない。
多くを期待し過ぎない。
時に甘え、頼ること。
素直に謝る心。
つまらない意地を捨てる。
自分より相手の心。
愛情は真っ直ぐに。
あたりまえを大切に。

幸せはいつも心の中にある

別れてしまったすぐ後ではなかなか相手の幸せなんて願えない。「幸せに」と思っても自分の強がりの方が勝ってしまう。辛い別れの後ではどうしても自己嫌悪をして自分の嫌な性格や態度を責めてしまう。けれど、自分が悪かったとその原因を掘り下げても自分を惨めに思うだけ。どんな別れであっても原因は一つではないし、自分だけが悪いということはない。綺麗な別れなんてないと思う。どちらか、またどちらもが傷つく。寂しさも、苦しさもない別れならば、それほど好きではなかったのだろう。別れは傷と共にある。その傷が深いほど思い出に変えることも、相手の幸せを願うことも難しい。信じていた人に裏切られ、酷く傷つけられるような別れなら、相手を憎むこともあるかもしれない。

許すことはそう簡単ではないと思う。けれど何年か経って、その人を許せる日が来るかもしれない。どんなに傷ついていても許すことができるのは、誰かを憎んだまま本当の幸せを見つけるのが難しいから。誰かを憎み、自分を憎めば心から笑うことも、愛することも難しい。許すという行為はその人を許すことで、自分自身をも許してあげることなんだと思う。

どんな心の傷も簡単には消えることはない。それでもいつか許すことができれば、心の曇りも晴れて来る。別れた相手に「幸せに」なんてすぐには思えない。けれどずっと先にそう思えたらいい。泣いたその過去も、傷ついた心も、自分の幸せにきっと繋がっている。

人を愛せる自分であるために新しい心でいたい。ささくれて、渇いた心は大切な出会いすら見逃してしまうかもしれない。

幸せはいつも心の中にある。それは花のように綺麗な水を与え続けなければいけない。花を枯らすのも綺麗に咲かせるのも自分の心次第。

hope

「会いたいな」と思う時は
多分もっと、
ずっと会いたい時だ。
会えなくても、会いたいと思う
その気持ちが大事だと思う。
「会いたい」がずっと続く人が
本当に好きな人。

hope

「声が聞きたかった」

という理由で電話をして、

「会いたかった」

という単純な理由で
会いに行きたい。

恋多きよりも
どれだけ相手を深く想えるか

どんなきっかけで自分がその人を好きになったのかは今では思い出せないけれど、いつの間にか好きになっていた記憶がある。

相手は同じ高校の同級生で、廊下ですれ違うだけで一日幸せな気持ちになり、目が合った日には心臓がこぼれるほどドキドキした。一日中その人のことを考え、時には夜眠れなくなるほどの気持ちだった。

消しゴムに好きな人の名前を書いて、誰にも気付かれずにそれを使い切るとその恋が成就するというおまじないが流行っていて「そんなわけないだろー」と友達と笑い飛ばしていたのだけれど、早速好きな人の名前を書き、用もないのに必死でその消しゴムを使っていたことがある。

そんな、ささやかな努力も虚しくその恋は実らず、ある日の帰り道、知らない誰かと仲良く手を繋いで下校している好きな人を発見してしまった。後で聞いた話では、二人は幼馴染で高校に入ってから付き合っているということだった。自分が入り込む余地は1ミリもなく、見事に失恋をした後に残ったのは、まだ半分残った消しゴムと、行き場を失った想いだけだった。

失恋は恋を失うと書く。けれど想いは何も失われていない。むしろ片想いで終わった恋の方が、想いはずっと残るのではないだろうか。叶わなかった恋は無駄なものだろうか？　自分はそうは思わない。時間はかかっても、いつか優しい思い出に変わる恋もあると思う。


人を好きになること、恋愛で一番大事なことはどれだけ相手を深く想えたか、どれだけ真っ直ぐに好きになれたかだと思う。

過去の気持ちを誇りに思うこと。

「好きになって良かった」そう言える自分でありたい。

恋多きも悪くないけれど、恋深き想いを一番大事にしたい。

hope

叶わない片想いでも
出会えて良かったと思いたい。
ダメと分かっていても
好きでいるなんて、
愛でしかないじゃない。
最高だよ。

hope

好きな人はいつも
もう少し、と思う。
もう少し話がしたくて
もう少し声が聞きたくて、
もう少し会いたい。

寄り添って同じ歩幅で歩く
きっとそれは愛

恋と愛の違いはどこにあるのだろう。

恋はおそらくとても一方通行なものだと思う。それが悪いことではないけれど、自分の気持ちがまず優先的にあるのが恋ではないだろうか。

それに比べ、愛はもっと恋から成長した形のように思う。愛する人がいることは恋とは変わりがないけれど、自分以外の相手のことを、ただ純粋に見返りもなく愛せることが恋との違いではないだろうか。


よく晴れたある日、川辺の遊歩道を歩いていた時に、向こうから老夫婦が二人並んで歩いて来た。時々二人は立ち止まり、遠くに見える山や流れる川や花を指さし、笑い合っている。とても楽しそうで見ている自分までも幸せな気持ちになる。老夫婦とすれ違い振り向くと、奥さんは足が悪いのか、少し足を引きずっていた。旦那さんは、わざと立ち止まったり、ゆっくりとし

た歩幅で歩いていたりするようだった。そこになんとも自然で、深い愛情を垣間見ることができた気がして、とても感動した記憶がある。愛とはきっとそんな風に相手に寄り添い、同じ歩幅で歩けることではないだろうか。

相手をそんな風に思いやることができたら、どんなに素敵だろう。

傷みや苦しみを理解してくれる人がいるだけで、救われる気持ちもあるのではないだろうか。「ずっとこの人と一緒にいたい」と思う時は、そんな風に心に寄り添ってくれる愛情を感じる時だと思う。愛という言葉を使うと、とても大げさに聞こえるけれど、愛している人がいるだけで頑張れることがある。生きる力と言ってもいい。その愛は恋人に限らない。親でも友達でもいい。

愛は単純に自分を明日へ向かわせる活力になる。いつか恋が愛に変わる時、お互いがお互いを本当に思い合える二人になれたらいい。

hope

もう戻れないと分かっていても
会いに行きたい心がある。
思い出がまだ鮮やかで、
変わらない気持ちがある。
それだけ真剣に、
好きになった人だから。

心の中に居場所があるなら幸せだ

大切な誰かがそばにいるだけで心は強くなる。

「自分はここにいていいんだ」と思える場所があれば、人はひとりでも生きていける。だから誰かを好きになれば、その人の中に自分の居場所を求めてしまう。ひとりでは寂し過ぎるから、自分の居場所がないと不安で落ち着かなくなる。

相手の心の中に自分の居場所があるのか、それが見えないと感じる時、どうしようもない不安に襲われる。灯りのない暗闇で、寂しさが募る。

なかなか会うことができなくても自分の居場所がそこにあると感じれば、それは暖かい灯りになる。心さえ繋がっていると感じたなら、自分の居場所がそこにあると安心できる。

心の居場所は自分の中にもあることを忘れてはいけない。誰かにとって、自分の心がその人の居場所になるかもしれない。「ここにいてもいいよ」と伝えることができたなら、幸せなことだ。

愛してくれる誰かがいるだけで、ひとりでいても決して孤独ではない。
そして愛する誰かがいるだけで、明日を生きる希望が生まれる。恋人、愛する両親、そして大好きな友達でもいい。人を愛することで生まれる居場所がある。心落ち着ける居場所は自分で作ることができる。受け取る愛情ではなく、愛を差し出すことで、自分がここにいる意味を見出せることもある。

必要な人に必要とされること。お互いの居場所が、互いの心の中にあることは何より嬉しいことだと思う。

優しく心温かい場所はいつも大切な人のそばにある。

大切な人のそんな心の居場所が自分であれたらと思う。

hope

本当に欲しいのは心で、
いつも大切なその人の中に
自分がいたらいいのにと思う。
自分と同じように
いつも心の中にいて、
どうしても必要って、
そう思って欲しい。

hope

幸せにしてくれる人より
幸せにしたい人を選びたい。
その人の喜ぶ顔や、幸せを
自分の幸せに感じられたなら
本当に幸せだと思う。

hope

好きな人を好きなままで
手放すことは最後の愛情。
さよならに
「ありがとう」と
「大好き」を込めて。

hope

「おやすみなさい」と
そう毎日伝えられるのは、
あたりまえのようで幸せなこと。
何でもない一日の終わりに、
大切な人を想える愛しさ。
お疲れ様。
おやすみなさい。

自然に笑える人。
無理をしなくていい人。
素直になれる人。
幸せな気持ちをくれる人。
真剣に怒ってくれる人。
心配してくれる人。
失いたくない人。
他の誰かじゃダメな人。
大切な人。

誰かを愛せる光は
すぐそこにある

記憶というものは残酷で、それが昨日のように鮮やかに思い出すこともある。

初めて言葉を交わした日、初めて心繋がった日。繋いだ手の温もり。

何度も忘れようと鍵を閉めたつもりの記憶が溢れ出して、そのたびに胸が締め付けられる。

あの頃にはもう戻れないと分かっているのに、ふとした瞬間に心が帰ってしまって戻れなくなる。未練と言われたならそれまでだけれど、自分の中でなくしたくない思いや、忘れられないことは誰にでもあると思う。


時間が経って気付けなかった相手の気持ちが分かることもある。その時、感情的になって見失っていた自分自身を俯瞰して見られることもある。

ただ前向きになることだけが成長ではなくて、どうしようもない悲しみや、

忘れられない過去を抱えることでも人は成長できるのではないかと思う。あの頃の傷があるからこそ、優しくなれる気持ちがある。

恋愛は時に自分を深い場所まで沈めてしまうことがある。暗く、前さえ見えなくなる場所に。

時間が経って上を見上げれば僅かな光が見える。それはまた人を愛したいと思う希望の光。その光に顔を向け、手を伸ばし、近づこうとすることで這い上がる。その光は、自分が生み出したものに他ならないし、近づき、這い上がるのも自分自身。

また同じように傷つくかもしれない。どこにも辿り着けず立ち止まるかもしれない。それでも過去を乗り越え、新しい自分を見つけられたなら、また誰かを愛せる光はすぐそこにある。

hope

傷ついたと思うなら
それだけ本気の証。
傷つかない恋はない。
深く傷ついてもなお、
その人のそばにいたいと思う時、
本当にその人が好きということ。

恋はまた咲き誇る

毎年春になって咲く桜を見ると、その美しさと、すぐ散ってしまう儚さに心惹かれる。

いつか散ってしまうその運命を知っていても、毎年また綺麗に花を咲かせる自然の力強さは見習うべきものがある。

恋は桜のようだ。

長く凛とした静かな冬の季節、桜はじっと花を咲かせる時を待っている。人も運命のような出会いまで、時が来るのを待ち、やがて大切な人を見つけ、綺麗な花を咲かせる。美しく咲き誇る桜のように、恋をすればどんな景色や空気さえも輝いて見える。永遠に続いて欲しいと思う時間ほど儚くて美しい。やがて時が過ぎ、切なさと儚さを知らせるように桜の花は散ってしまう。

風に舞って散っていく桜のように、思い出はいつも綺麗で、失った恋を忘れられずに自分を責めてしまう時がある。もうあの時には戻れないと分かっていても、過去は色褪せることなく、楽しかった日々を昨日のことのように鮮やかに思い出す。


季節が巡って、何かの約束のように春に咲く桜のように、散ってもまた咲き誇る力強さを人は持っていると思う。

自分を責めることより、「大丈夫だよ」と許してあげよう。

恋を失うことは何よりも辛いことだけれど、本気で相手を好きでいたことを「それで良かった」と肯定しよう。

そしてまた優しい時間が流れた時、いつか綺麗な花を咲かせるために自分を信じていよう。

hope

名前を呼ばれ嬉しくて
恋と知った。

名前を呼んで愛しくて
愛と知った。

hope

「大好きだな」と
思う人がいるだけで
もう少し生きてみようと
思うし、
「大好きだよ」と
言ってくれる人がいるだけで、
今が明るくなる。
「好き」というその気持ちは
最強だ。

hope

会いたい人に会えるだけで
本当はとても幸せなこと。
それを忘れてしまう時がある。
幸せに思う時間の中、
大切な人がそばにいることは、
かけがえがなく
あたりまえじゃない。

hope

愛したこと
愛されたこと
それを忘れることはない。
今も変わらず優しい光。

元気でいますか？
元気でいてください。
またひとつ季節が変わります。

おわりに

大切な恋を失ってしまった時、恋愛をしていたその時間が無駄だったのではないかと思ってしまう時がある。たとえば、付き合っていた恋人の心変わりで別れを切り出された時、今までの時間は一体何だったのだろうと思ってしまう。こんなに傷つき、ずっと苦しい思いをするならば、恋なんてしなければ良かったと思うかもしれない。

恋愛はいつも理屈ではなく、頭では分かっていても思いとは裏腹に、心が動いてしまう時がある。抑えていた好きという気持ちが急に走り出したり、好きになるつもりがなかったのに、いつの間にかその人のことばかり考えてしまったりする時がある。好きな人が心の真ん中にいると分かったときから、恋はもう止められないものだと思う。たとえそれが、叶わない片想いでも。

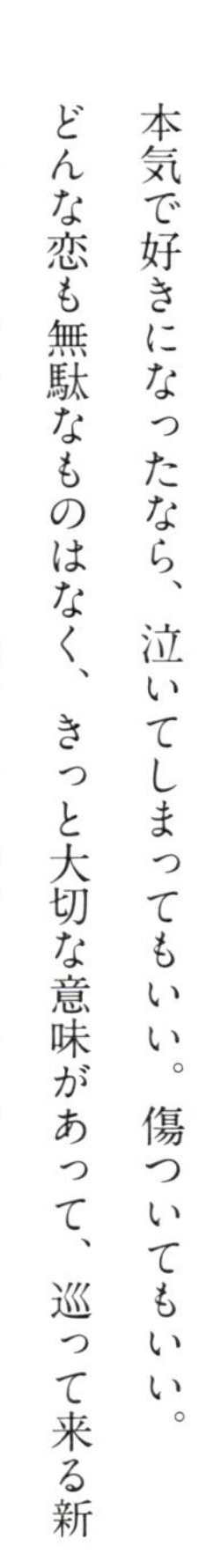

本気で好きになったなら、泣いてしまってもいい。傷ついてもいい。どんな恋も無駄なものはなく、きっと大切な意味があって、巡って来る新しい毎日の中、今とこれから先の自分に繋がっていく。

本書は今、恋に悩む人、恋を失ってしまった人の背中を押す手助けや、何か前向きになれるヒントになるかもしれない。けれど結局、最初の一歩を踏み出す勇気はこの本を読んでくれたあなた自身にあると思う。そしてその強さと勇気は誰もが心の中に必ず持っている。それをどうか忘れないで欲しい。

最後にこの本を作るにあたり、お力添えをいただいたスタッフの皆様、粘り強く支えてくださった編集の須藤さん、そして快くモデルを引き受けて下さった深川麻衣さんに心より感謝致します。ありがとうございます。

何度も諦めようと思ったけど、
やっぱり好きなんだ

2019年1月11日　初版発行

著者／カフカ

発行者／川金 正法

発行／株式会社KADOKAWA
〒102-8177　東京都千代田区富士見2-13-3
電話　0570-002-301(ナビダイヤル)

印刷所／大日本印刷株式会社

本書の無断複製（コピー、スキャン、デジタル化等）並びに
無断複製物の譲渡及び配信は、著作権法上での例外を除き禁じられています。
また、本書を代行業者などの第三者に依頼して複製する行為は、
たとえ個人や家庭内での利用であっても一切認められておりません。

定価はカバーに表示してあります。

KADOKAWAカスタマーサポート
［電話］0570-002-301（土日祝日を除く11時～13時、14時～17時）
［WEB］https://www.kadokawa.co.jp/（「お問い合わせ」へお進みください）
※製造不良品につきましては上記窓口にて承ります。
※記述・収録内容を超えるご質問にはお答えできない場合があります。
※サポートは日本国内に限らせていただきます。

© kafuka 2019
Printed in Japan
ISBN 978-4-04-065441-6　C0076